#プレボン!

いますぐ使えるプレゼンテーション Tips 集

#プレゼン　#絶対成功　#ポイント明快　#ラクラク実践　#裏ワザ満載
#どこから読んでもOK　#見開き2ページ簡潔型　#今から使える
#初心者もプロも目ウロコ満載　#眺めるプレゼン本　#けっこう基本が大事
#隙間時間にピッタリ　#綺麗で読みやすい　#直前詰込対応可
#こっそり自分だけ知っていたい・・・

深谷信介 著

#プレゼン下手だった私から、みなさんへ。

この本を手にとってくれて、ほんとうにありがとうございます。

一億総プレゼンテーション時代。
老若男女・小学生からビジネスパーソン、医師・弁護士・研究者、就活に転職に、主婦にシニア層に至るまで、
いろいろなところであらゆる形で、毎日毎時世界中でプレゼンテーションが繰り広げられています。
TEDのようにプレゼンテーション自体が魅力的なコンテンツにもなり、プレゼン動画やサイト、ハウツー本やセミナーまで、
世の中にあまた溢れるようになりました。伝える時代・表現の時代をつよく感じます。

それなのにそれなのに、たくさんのプレゼン相談をいまだに受け続けているのは、なぜだろう?

そんな素朴な疑問からプレゼンテーション本を手当たり次第十数冊ほど買ってみました。
「なんでこんなにややこしいの?」
「どうしてたいせつなことが書かれていないの?」
「これってもともとセンスのあるひとだから、できるんじゃないの?」
などなど、
正直かなりビックリしてしまったのです。

振り返れば30年、年に100回以上、トータル数千回w
きちんと数えたことはありませんが、プレゼンテーションは今のわたしの日常に完全に同化しています。
けれど振り返ってみると、もともとプレゼンはおろか、人前で話すこと自体が苦手で下手で嫌だった私。
緊張して言葉がでない、顔がみられない、資料をまるまる忘れてしまう、敬語がめちゃくちゃ・・・
ここには書けない恥ずかしい失敗を相当繰り返してきました。
そういう方って意外と多い。
プレゼン相談にのるたびに、わたしだけじゃないんだなって逆に心強く思えてきました。

こむづかしい話よりも、今すぐに使えるちょっとヒントこそが一番たいせつじゃないの？

今この瞬間から試せる使えるヒント集（ティップス）こそが、
みなさんオリジナルのプレゼンテーションを輝かせることができる、そう思えるようになりました。
・10年前、わたしのプレゼンなら何でも買ってしまうと絶賛してくれた新聞記者さん
・7年前、うちの会社にジョブズがいたと感嘆の声をあげてくれた素敵な後輩
・5年前、なみいる強豪芸大生を倒し、門外漢のデザインコンペでグランプリを獲った専門学校生
・3年前、今期最高の授業だったと割れんばかりの拍手をしてくれた大学生たち
今までプレゼンに関わった多くのひとに背中を押されて、わたしが日々プレゼンに向き合う時の
ちょっとした心構えや取組ポイント・門外不出の必殺ワザまでw　オムニバス形式でまとめてみようと思ったのです。

プレゼンテーションはコミュニケーション
あなたが誰かに伝えたいことがある、というコミュニケーション
会話と違ってネタ探しの必要はありません。
事前にちょっと準備もできます。
はじまったら、すべてあなたのペースで自由に話せます。

プレゼンテーションは、実は会話よりラク。自分らしくやればいい。
そんなことを20代後半、とある金曜日夜の満員電車で気がつきました。
ありとあらゆる人が電車のなかでもみくちゃにされていて、世の中みんな一緒にイモ洗い状態だって感じました。
型にははまらなくてもいいんだって、ちょっと勇気づけられたのです。
キッカケって瑣末なもの、でもそこからわたしのプレゼン半生が劇的にかわったのです。

このプレボン、どのページから読んでいただいても構いません。
この本をインテリア代わりに机やテーブルにそっとおいてもらって、
プレゼンテーションに向かう時、時間のある時、パラパラっとめくって欲しいのです。
気に入ってくれた見開きのちょっとした2ページが、みなさんの背中をぐっと後押ししてくれることを信じて。

プレゼン紙芝居の、はじまりです。

#contents

#0 はじめに |

#1 プレゼンとは？ |

#2 場 |

#3 聴 |

#4 話す

#5 中身

#6 映スライド

#人の前で話すこと、それがプレゼンです。

プレゼンテーション。
みなさん、ちょっと難しく考えすぎなのでは？
ちょっとだけ立ち止まってみましょう。
ひとがひとに話す行為、そのすべてがプレゼンテーション。
上司の小言、同僚とのランチ、得意先との電話、
昨日あった楽しいことを、すれ違いざまに、ちょっとした間に、
何気ないひととの会話の延長に、プレゼンテーションがあります。
プレデンテーションってコミュニケーションなんです。
気づかないところで、日々プレゼンテーションしているわたしたち。
いろんな話で今-present-相手に何かをプレゼント-present-すること
プレゼンテーションpresentation、簡単でしょ。

#プレゼンは、ライブである。

ナマモノを楽しむ、失敗も愛嬌。
あなたは、船長。どこへ連れて行ってもよい。

プレゼンテーションこそ一期一会。
たとえまったく同じ内容であっても、
あなた自身の気分や体調、聴衆の数・興味関心、会場や実施日時・時間など
あらゆるものそれぞれに影響を受け、1つとして同じプレゼンをすることができない。
伝えたい内容をしっかり作り、
話し手が話しやすいように、聞き手が理解しやすいように、伝わり方を考え工夫する。
プレゼンテーションは話し手のあなたが、身振り手振りを含め、熱意を持って話して、
聴き手のひとたちに一所懸命伝わるように伝えること。
そのために、話しっぷりと投影スライドと配布資料を、
あなたらしく自由に組み合わせることができる、
どこまでも、あなた主役の、一回限りのライブです。

#自由演技である、規定演技ではない。

自由が一番。型にはめると、堅苦しい。
準備はほどほど。やりすぎない。
可変領域を持つ。アドリブが効く。

まじめな方ほど、しっかり準備します。
読み原稿も作って、時間配分も頭に入れて、正確に的確に準備した内容を
もれなく伝えようと努力されます。
完璧な準備を再生しようとする、そこが緊張を生む種だと思うのです。
残念ながら、あなたの全部を一回でわかってくれる聴き手はいません。
でも、あなたの伝えたいこと・そのポイントをわかってくれる聴き手はたくさんいます。
ポイントをしっかり伝えましょう、その準備に切り替えましょう。
それ以外は、あなたの話しやすいように、
その場の雰囲気に身を任せて、やってみませんか。
きっと気持ちに余裕がうまれ、自然と笑顔で身振り手振りを添えて、
気づけばすばらしいプレゼンができていることでしょう。

#説明ではありません。報告とも違います。

プレゼンは、共感をしてもらう行為そのもの。
共感が先、理解はその後で充分。
この人の話、ん・いいな・聴きたいな、と惹きつけて、
お〜そうそう、私もそう思う。へ〜、なるほどね、と共感を呼ぶ。
そう、
伝えるのではない、伝わるようにする。
構成も、話し方も、内容も。

#構成要素は、たったの5つ。

中身・話し手・投影スライド・場(環境)・観衆/聴衆

プレゼンテーションは、5つの構成要素から成り立っています。

E 聴衆　　聴き手がいないとはじまりません。
D 環境　　場所がないと催せません。
このふたつは主に視聴者目線の要素です。
A 内容　　プレゼンする中身が必要です、当たり前ですが、これが一番重要です。
B 話し手　主役です、中身を伝える大事な主役です。
C 投影　　補佐役です、話し手を助ける番頭さんです。
このみっつが主に発表者目線の要素です。

これら5つが相まって、プレゼンテーションが成立します。
これら5つを抑えれば、いいプレゼンテーションができます。

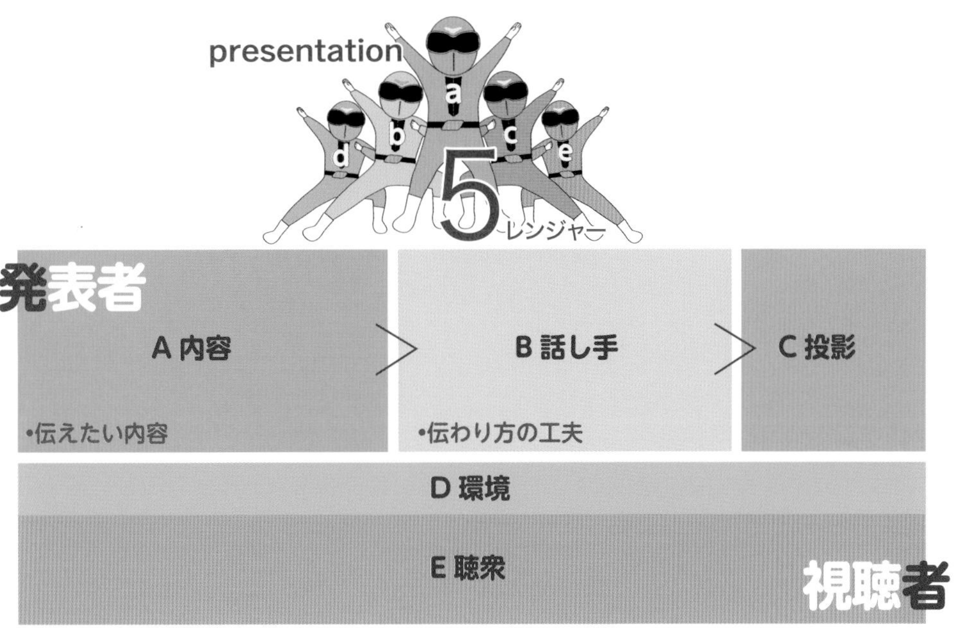
presentation
a
b
c
d
e
5
レンジャー
発表者
A 内容
•伝えたい内容
B 話し手
•伝わり方の工夫
C 投影
D 環境
E 聴衆
視聴者

#手口は3つ。

プレゼンに登場するものは、意外と少ない。
あなたとスライド、そして配布資料。
主役はあなた。
スライドと配布資料はあなたのサポーター。
なんとシンプル、潔いのでしょう。

2
1
3

#話す前から、はじまっている。

会場に到着したり、建物に入ったり、オンラインに入ったり、、、
話す前からすでに聴衆はあなたを見ています。
どんな人かな、どんな話かな。あのスーツいいな、オーラ半端ないな、
やけに落ち着きないな・・・
などなど。
そんなところから、
話が始まる前から、
たっぷりプレゼンははじまっているのです。

presentation
START

#話しことば・自分ことばが活きます。

人真似などいらない。あなたらしく、やる。
身を任せよう。あなたが普段に話すようにすればいい。

コミュニケーションがプレゼンテーション。
だから十人十色、ひとそれぞれでいいんです。

コミュニケーションがプレゼンテーション。
分かり合えるやり方がベストです。

コミュニケーションがプレゼンテーション。
使い慣れた話しことば・地元ことばが、一番です。

#とにかく微笑む。とにかく笑う。

笑顔は、人間の特権です。
ともかく笑いましょう。
少しでいいんです、口角を上げてみましょう。
みんなあなたを見ています。
楽しい話も、難しい顔には勝てません。
難しい話も、あなたの笑顔には勝てません。
ちょっと笑顔ではじめることができれば、素晴らしい時間が待っています。

#想定外を標準装備する。

準備は怠らない、Q&Aは用意しておく。
けれど、どんなに準備しても、実は想定外の質問が出る。
そこでビックリするのではなく、
そういうもんだよな、と最初から想定しておいて、
その瞬間が来たら、一呼吸してこの一言を口ずさもう。
「とても、いいご質問をありがとうございます」
てへっ。

その間にあれこれと考えて応えてみる。
応えが見つからないようだったら、
「なかなか深いご質問ですので、また別途の機会に〜」とか
「これからの研究テーマの1つにさせていただければ幸いです」など。
そう、応えない、もあり。

知らない・わからないと言える方が、かっこいい。
素直にいこう、人間なんだから。

Q & A
CHOICE

#究極ゴールはしゃべりのみ。

落語に漫才、いや〜、ほんとに素晴らしいプレゼンター。
お酒を呑んでいるあの仕草、奥さんに怒られてバツの悪いあの雰囲気・あの表情。
体一つ、手の動き一つで全てを伝える、伝わってくる究極の御手本。

しゃべり
プレゼン

#味方にする。

アウェイよりホームの方が、俄然成績を残すスポーツ競技。
プレゼンだって一緒です。
会場の広さ・高さ・雰囲気、収容人数、声の響きや使用機材などなど。
ちょっとだけ早めに会場入りして、事前にどんな会場か調べてみて、、、
知ることで、安心材料を増やす。
安心が増えれば、いつの間にかいつものオフィス・学校・自宅のような気分に。
会場を味方に。
そして、いつも使い慣れたものを持っていけば、安心感は倍増する。
ほんのひと手間が、圧倒的な助っ人たちに。あっという間に、ホームになる。

写真提供：PIXTA

#まず場の雰囲気を感じよう。

場の空気を感じ取る。
雰囲気の良し悪しで、全てが決まる。
空気を元気に変えて、景気よく。
場に合わせて、波にのって、自由に話の流れを作っていこう。

#ぐるっと、会場を歩いてみる。一番うしろの席に座って、聴衆になる。

いったい、自分はどう見えているんだろう。
どう聞こえているんだろう。
観客の気分になって、少しぼーっと座って過ごす。
一番うしろに座れば、ほおら、そんなに見えないでしょ。
あなたが気にしてるほど、聴衆は何も気にしていないんだ。

#会場を立ち去るまでが、場ヂカラの威力。

やったー、終わったーっ！
そう終わった途端、脱力したいですよね。
プレゼンも、お話終了おじきをしたら終わり、ではないんです。
家に着くまでが修学旅行ですって、学校の先生が言ってたでしょ。
飛ぶ鳥、あとを濁さずです。

#始まったら、その場ヂカラを信じる。

開き直りも、結構たいせつ。

10分・30分・60分・・・与えられた時間が終われば、はいさいなら、お粗末でした感を胸に。
さあ、会場を見渡し、丹田にチカラを込め、胸張って壇上にGO!

#ひとを知る・参加者を知る。リストは、もらう。

プレゼンは対話。
とすると、誰と話すのか？知りたいですよね。
知っていた方が、何も知らないより絶対に話しやすいはず。
聴衆も全く一緒、老若男女、職業は、役職は、お話しする領域の初心者・中堅・専門家？
プロファイルを知れば、話し方のイメージがつく。
ちょっと前に到着すれば、リストも見られるし、着座されている雰囲気までわかる。
分かれば落ち着く、しゃべりのイメージがつく。

リスト
1
2
3
4
5

#一人の聴衆になってみる。

私、一番後ろの席によく座ります。
そう、後ろから会場を眺めます。
あ〜壇上の人の顔は見えないな、ひとが入ったらどんな雰囲気になるんだろ、
自分だったらあの辺に座るかな・・・
そうすると、聴き手の気持ち・声が聞こえてくるんです、何となく。
これ、しめたもんです。

#寄り添う話し方が、ある。

せっかくならプレゼンを通して、通じ合うようになりたい。
できれば、聴き手の横で話しているようにしたい。
漢字で喋るより、ひらがなで喋りましょう。
専門用語より、普段使いの言葉で。可能なら、土地土地のことばも織り交ぜて。
地元のことばはあったかい。共感すること間違いなし。
どっかの政治家もよくやりますね。

#味方をみつける。
左右斜め3列目あたりにきっといる。

プレゼン開始直後は、だれでも落ち着かないもの。
聴き手の興味・関心にマッチしているか、期待に応えられそうか・・・
さまざまな思いが頭をよぎります。
そんな不安を一気に解消してくれるのは、
笑顔で頷く・メモを取る・目をキラキラさせている聴き手の方。
たいてい真ん中ではなく、会場左右の3列目あたりにいらっしゃいます、日本では。
そして女性のほうが、味方になってくれます。
早く見つけて、アイコンタクトして、安心してプレゼンを続けましょう。
あっ、海外だと真ん中最前列周辺にいらっしゃいます、お国柄ですね。

tips.20　#味方をみつける。 左右斜め3列目あたりにきっといる。

#多くの聴衆のたった1人の味方のために、全力を尽くす。

全員なんて気にしなくていいんです。
頷いてくれる人、メモをとってくれる人を注視しましょう。
勇気が湧いてきます。
真剣な目が、あなたの心に火をつけます。
そんなひとが必ずいる。
その人のために、一対一で。
全開で、まるで家庭教師のように。
太い太い心の絆が、そのうちに見えてきます。恍惚の時に、必ずなります。

#3つのV で、できている。

話し手が主役のプレゼンテーション、3つのVでよりよくすることが可能です。
プレゼンテーションはコミュニケーション。
コミュニケーションの要素を分解すると、

Visual　目に入るもの、スライドとあなた自身
Verbal　ことば＝お話
Vocal　声・声質

3つのVに気を配れば、Presentation Victoryも間違いなしです。

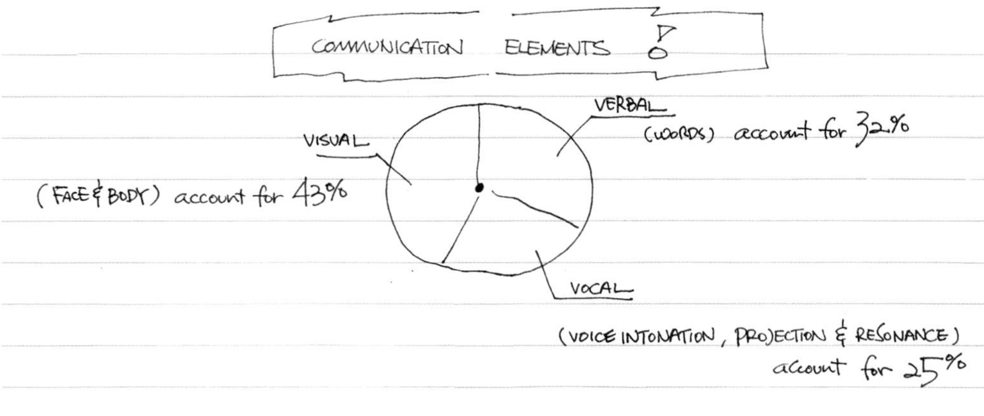
COMMUNICATION ELEMENTS
VISUAL
(FACE & BODY) account for 43%
VERBAL
(WORDS) account for 32%
VOCAL
(VOICE INTONATION, PROJECTION & RESONANCE)
account for 25%

#言い切る。

割り切った物言いが好まれます。
まさに竹を割ったように、スパッと話しましょう。
爽快感が漂うはずです。

#シツコク、ナンドデモ、クリカエス。

聴いているようで、聴いていない。
わかったようで、覚えていない。
ひとの話を聴くって、そんなものです。

どうしても伝わってほしいことがあるのなら、
繰り返し繰り返し、同じことを、手を替え品を替え、話しましょう。
広告を思い出してください。
広告を想像してください。
あなたが覚えたCMは、短期間に何回放映されていることか。
しつこいくらい、何度も繰り返す。愚直ですが、効果大です。

#話さない、は割と聴く。

◯◯とマイクは使いよう。
小声にすると、耳をそばだててくれる。地声・生声にすれば、より一層w

単調に聴こえると、ひとは飽きてしまいがちです。
長時間になると、ひとは注意散漫になります。
これって普通のことですね。
ということは、内容とは別に飽きさせない工夫がたいせつです。
長くなってきたら、休憩が必要です。
だったら、話し手のあなたが先んじて休みましょう。
そうですね、間で5秒ぐらい話すのをやめてみる。
ここぞ、というときに使うと効果的です。
なんだなんだと、聴き手の関心がみるみるうちに蘇ります。
話さない、いい特効薬です。

#練習は、極力しない。話原稿は、作らない。

長いセリフ、覚えられないですよね。
原稿読んで、途中つっかえると、緊張しはじめますよね。
練習してうまくいかないと、焦りだします。
それ、止めませんか？
キーワードがあなたをラクにする。
話し方をイメージしながら、スライドを作ってみましょう。
気持ちを込めるなら、キーワードの連呼です。
広告と一緒、何度も聞いてもらう。
これ、効きます。

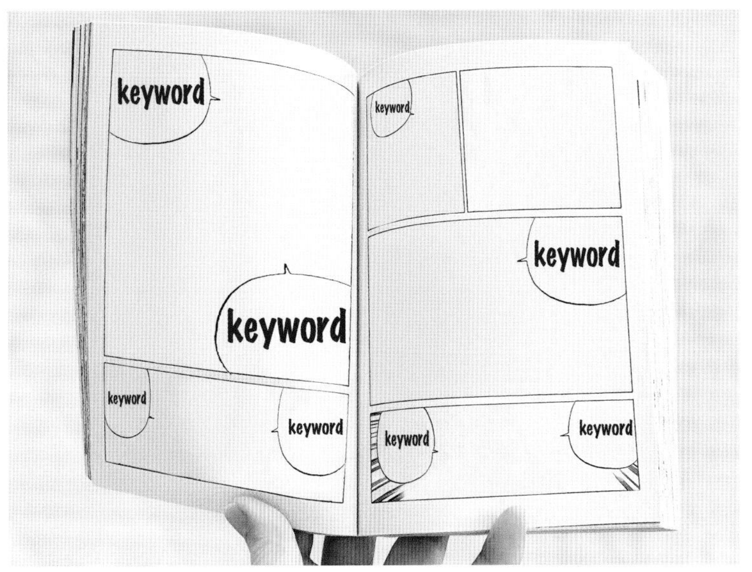
keyword
keyword
keyword
keyword
keyword
keyword
keyword
keyword
keyword

#まるで音楽のように♪

止まる・休む・間を空ける。高く低く、強く弱く。テンポを変えよう。
投影資料は、みないで話す、が基本。
好きな歌は覚えますよね。
フルコーラスでなくても、せめてサビだけ覚えれば、
プレゼンは自由を感じながら、軽やかに。
多少音程外しても、ご愛嬌。

#聴き手の数でも、話しっぷりは変わる。

同じ中身の話を何回かする、そういうこともあるかと思います。
評判がいいと、何度も同じ内容を話す機会に恵まれたりします。
一期一会、毎回はじめての気持ちで取り組むのがベストですが、
人間なかなか難しいときもあります。
そんなとき思い出してください、プレゼンテーションはコミュニケーション。
１対１と１対50、１対300は違いますよね。
聴き手の数に応じて、自分の話し方を見直してみる。
自動的に、一期一会ができているはずです。

写真提供：PIXTA

#自然と、動く。語りかけると繋がってくる。

直立不動は不自然だし、動かないって苦痛、みている人からも違和感だらけ。
手を足を体を、自然に任せると勝手に動き出す。
気持ちがのったら、壇上から降りて会場へ行ってみよう、
ともかく一体感を作るのだ。
話さない、語りかける。
話すのではない、寄り添い語りかけるのだ。

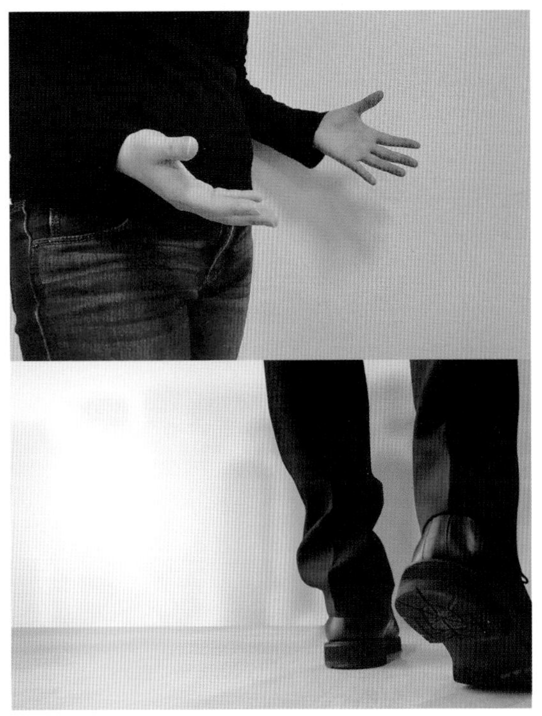

#3つ、多くて5つ。

1プレゼンで伝えたいこと・伝わることは、3つ程度。最大5つと心得る。
1ページで、1章で、全体で、それぞれ3つ。多くて5つ。

考えれば考えるほど、話したいことってたくさん生まれてきますね。
なんとか3つ、多くても5つくらいに絞れると、
あなたも聴き手もすっきりとコミュニケーションできるはずです。
クリアにまとめていきましょう、
シンプルではなくて、明快であることを目指しましょう。
3つが多少ながくても構いません。
この3つが幹となり、根が生え、枝葉が広がり、花が咲く。
そんな風にプレゼンテーションが整理できると、最高です。

#具はクリアに。シンプルではなく、クリアに。

ほんとうに話したいことは何だろう。伝えたいことは何だろう。
そんなふうに考えると、結構、話の中身を絞っていける。
てんこ盛りでたくさん伝えたいは、発信者側のわがまま。
受信者側にお持ちかえりしていただくお土産は、厳選した逸品に。
しっかりツボを押さえて、そこから話を広げていく。
幹・枝・葉・根の順で。
そう、幹であるキーワードはスライドで投影されている。
枝葉はあなたのお喋りで。
みるみる話がクリアになっていく。
シンプルではなく、クリアに。

#パズルのように1枚ずつ並べてみると、関係性がみえてくる。

投影スライドは、得てして、話が流れているようで漂流しがち。
ここ1番のプレゼンでは、
面倒でも、1枚1枚プリントアウトして、壁に貼ろう。
絵を見るように、
顕微鏡写真を見るように、
ゆったり広くじっくり細かく。
ほら、ダブりが見えたり、流れの分断が見えたり。
壁に貼ったペーパーをあちこち貼り直して、
また、眺めて。そして、貼って、直して、書き加えて。
いつの間にか話の流れができてくる、大河のように太く力強い流れが。
ひとは文脈で話を聞いているんだ。

#目次とノンブルは、マスト。

映画でもなくドラマでもない。
プレゼンは、流れにのって聴いてもらいたい。質問もして欲しい。
目次は、今日の式次第。
懐石料理のように、何が出てくるのか？どの辺りがメイン料理なのかがわかり、
気に留めながら聴いてもらえる、そうコンシェルジュ。
ノンブル（ページ番号）は、何かの時の行きつ戻りつの、1番の目印。質問したい時にも超便利。
当たり前だけど、絶対なもの。

目次とノンブル、ぜひ最後にチェックして。

#資料と投影スライドは、別物・別腹。

配布資料と投影スライド。
一緒にしてしまえば、ラクできる。
一緒にすると、どうなるだろう？

配布資料ベースに一緒にすると、投影スライドは込み入っていてよく読めない。
投影資料をベースにすると、配布資料は物足りない。
ラクをするとすぐに落とし穴にハマる。

大切なプレゼンほど、この２つは別物・別腹。
投影スライドは、一枚一枚情報を少なく、スライド枚数は、なるべく多く。
配布資料は、ギュッと詰めて枚数少なく。
これで、素晴らしいプレゼンキットの出来上がり、きっと上手くいく。

#内容は、話とスライドでうまく分担・融合する。

スライドに書いたことは、話さない。
スライドに書いたことを、補完したり・強化したり・根拠を示したり、そういう話し方をしましょう。

話す内容は、スライドに書かない。
そうすると、スライドはどんどんシンプルになる、クリアになる、読みやすくなります。
あなたが伝えたいポイント、キーワードが鮮明になります。

これはぜひ覚えてもらいたい、知ってほしい、そんな丸必ポイントは、
スライドにクリアにシンプルに書いて、かつ、読み上げてしっかり繰り返す。

話とスライドは、ピッチャー・キャッチャーみたいないいコンビなんです。

#緊張するのは、何かが足りないサイン。

ひとは誰でも緊張するものです。
はじめてのことなら、なおさらです。
２度３度と経験を重ねるごとに、緊張が和らぐはず。
いつの間にか、普段通りにできるはず。
でも、それでも、緊張するときがあるはず。
その理由は、自分が一番わかってるはず。
はじめての得意先だったり、寝不足だったり、
いいところを見せようとしたり、準備不足を隠そうとしたり、想定外が起こったり、、、
毎回の緊張を糧にして、次に挑みましょう。
私も、毎回緊張してます。それなりに(笑)。

#机のイスをひき、少し遠くから画面をみてみよう。きっとレイアウトにこだわりたくなるはずだ。

汚い、読みにくい、わからない。
そんなスライドをみなさんはたくさん見てきたはずだ。

プレゼンはおもてなし。
聴衆がみたくなる・心地よいスライドを作ることは、基本のキ。
遠い席をイメージして、机から離れて画面を見てみよう。
ごちゃごちゃしていたら、黄色信号。
キレイ過ぎも、警戒信号。
どこかに目が留まる、目が奪われる。そんなレイアウトを、ぜひ。

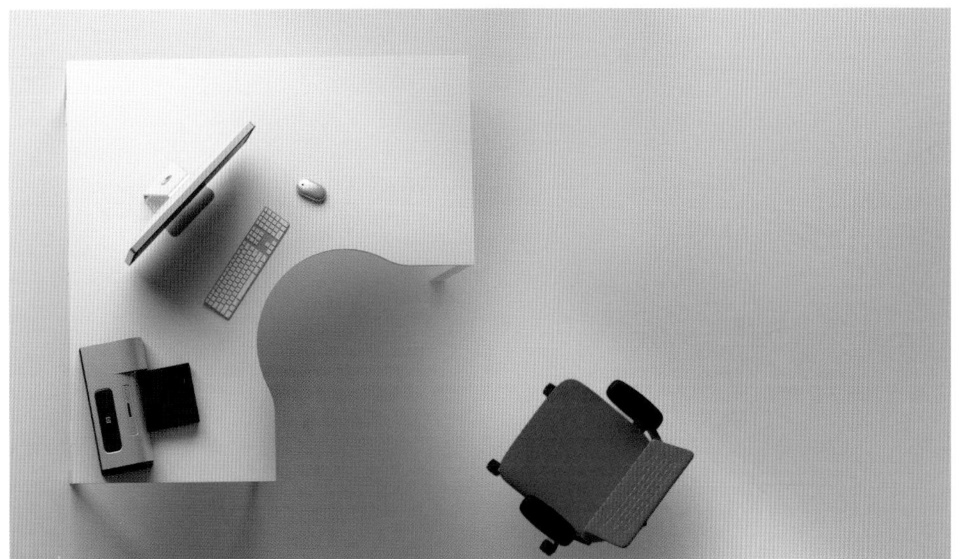

写真提供：PIXTA

#投影スライドを、あなたの一番の応援団にする。

主役はあなた。
投影スライドは、絶対のコンシェルジュ。

困った時はチラ見すれば思い出し、伝えたい内容はしっかりポイントを強調してくれる。
あなたのしゃべりを助けるスライドづくりを心がけてください。
投影スライドが主役になっているプレゼンは、
誰が喋ってもいい物になっている、ということ。
あなたのベストパートナーに仕立てる、そうオーダーメイドなスライドづくりを。

#空間配置には、意味がある。

文字にも写真にもイラストにも固有の意味がありますが、
その置き場所、すなわちスライド上の空間配置場所にも、意味があります。

まんなかやや下めに配置すれば、圧倒的な安定感を、
右上に配置すれば、ミライ感や成長感を感じます。
同じものを並べると、緊張感を、
違うものなら、リズム感を感じます。

文字や写真やイラストに、配置の意味も加えると、
５感に強く訴えかけるスライドが出来上がります。

#3次元ポスター、なのだ。

意外と知られていない・気づかれていない。
投影スライドは、2次元ではなく3次元。そう、ポスターと一緒（これも知られていない）。

鉄道周りのポスターを思い浮かべてみよう。
反対側のホームに貼ってあるポスターが気になったこと、ありますよね。
思わず近づいてみたくなった、中吊り広告、ありますよね。
一歩近づいて、じっくり読んでしまったドア横広告、ありますよね。

これなんです！
まるで視力検査のように、見るひとに見たいものが、見たいものだけが、
きちんと見えるように設計する、配置する。
感性ではなく理屈で整理し完成する。それを感情で伝える。
プレゼンの醍醐味は、ここにあるんです。

#文字・画像・映像・音声・色、使える素材は この5種類だけ。

もう一つの5レンジャー。
投影スライドで使えるものは、2022年現在、この5種類。

文字と画像と
映像と音声と
色と

これらを配置して、組み合わせる。それだけ。
効果的に、あくまで効果的に。
自分よがりにならないように、伝わるように伝えるを心がけて。

5
文字
画像
色
映像
音声

#余白が語るのだ。

プレゼンスライドは、どうしても文字や図で埋めたくなるものです。
埋まってくると、話し手であるあなた=作り手の安心感は増していきます。
一方、聴き手はたくさんの文字や図がはいったスライドは情報過多で、
どこをみたらよいのか、わからなくなります。

同じフォーマットでつくると、作り手の作業ははかどります。
同じフォーマットを見続けると、聴き手はみんな同じように見えてきます。
スライド1ページにもちょっとした工夫を、個性をつけてください。
余白多めのスライドを、作ってみてください。
何かが変わりますよ。

生きるということ。

#ビジュアルは語る。

文字とビジュアル、たまに映像
スライドに投影できるものは、この3種類。
同じ面積で情報量が少ないのは、わたしたちが慣れ親しんでいる文字です。
一方、ビジュアルや映像は、比較にならないくらい多くの情報量があります。

うまく選んで、あなたが伝えたいことを文字ではなくてビジュアルで語らせてみてください。
かなり雄弁ですよ。

#テンプレートは優れもの。アニメーションは・・・

デザイン苦手、そんな方に朗報。
パワーポイントも日進月歩、テンプレートが勝手にデザインしてくれます。
遊び心を刺激してくれます。
たくさん出てくるリコメンドの中から、好きなものをチョイス。
簡潔に、時間をかけない。テンプレートをうまく活用しましょう。
気が向いたら、ちょいアレンジする。
そう、まずはカスタムメイド、お得です。

template
template
template
template
template

#プレゼンも顔がいのち。
表紙・ラストにひと工夫を。

何百回も何千回もプレゼンをしていると、
実はプレゼンがはじまる直前の時間がけっこう長いし、長くも感じます。
結果、投影スライドがず〜〜っと同じ顔して投影されている、そんなことになるのです。
お客さまも、間が持たない。魔が刺す感じに。

だからこその、TPOに合わせたあなたなりの一工夫を表紙に。
会場が和んだ雰囲気に、きっとなる。
開始前にラポールの形成です。

IDEA

#お手もと資料は、ほぼ捨てられる。

とても残念なことですが、聴衆の多くのひとが、実はその場かぎりなんです。
いい話を聞いた、早速活かせそうだ　と思って帰路につくのですが、
翌朝から次のしごとが、、バタバタしているうちにあっという間に2日3日経過。
1週間経ったら、すっかり10年前のこと。そして資料は書類の山に、ゴミ箱に。
だからこそのプレゼンテーション。
その場で覚えて帰ってもらう。だからココロに刻ませないと！と思うのです。

INPUT

#さあ、スライド制作虎の巻集です。

__ともかく分ける。
__たくさん書かない。
__減らす・削る・すかすかにする。
__ポイントを、キーワードを、描く。
__素材と配置と優先順位、これですべてを整理。
__絵はことば。ことばも絵。
__図や絵には、すべての国のひとを惹きつけるチカラがある。
__汚くても綺麗でも、誰も見ないし残らない。

__色には、もともと意味がある。
__色は使いすぎない、2・3色で十分。
__明度と彩度は、しっかりと合わせる。
__ビジュアルは圧倒的な情報量がある。しっかり選んで、多用せよ。
__伝えたいことを、敢えてビジュアルに託す。
__文字は意味を絞る、図や表・写真は意味を広げる。
__テキストは結びつきをつくり、ビジュアルは繋がりをつくる。

__文字も、図であり記号である。
__位置には意味がある、方向性もある。
__どこにテキストをビジュアルを置くか、大いなる意味がそこにある。
__見て欲しいところに自然と目がいくように工夫する。
__右上に将来性を感じ、中央やや下に安定感を覚える。
__綺麗に配置しすぎない。

__スライドが切り替わるだけで、ひとは流れを感じる。
__覚えてほしいことは、文字とビジュアルと言葉で重複させる。
__パワポ・アニメーション使用は、以ての外。
__割と長く登場するのは、表紙とラストのスライド。
__ポインタは武器になる。

#目を見張る、声を張る、微笑む。普段よりちょっとだけ。

ステージだから。
いつもより、ほんの少しだけ、自分をアップしてみましょう。
目を口を、少し大きく開けてみる。
ちょっとだけ声を張る、高めの声を出す。
微笑む、動く。
そんなちょっとしたことで、会場は不思議なことに和んでくるのです。

#目を見ずに、目をみる。

アイコンタクトが大切。
プレゼンでよく言われることですが、
シャイなわたしは、かなり苦手です。
目を見ずに目をみる、そんなやり方を開発しました。
目と目の間、眉間のあたりをふわっと見るんです。
そうすると聴き手の方は、目があったと思ってくれます。
多くの聴き手のなかのこのわたしをみて、話してくれていると感じます。
これなら、恥ずかしくないし、思いが伝わります。
シャイな方、ぜひ試してみてください。

#舌をぐるぐる、口を大きめに。指使いでラクにする

「あかさたなはまやらわ」「あいうえお」50音を大きな声で。
舌を口の中でぐるぐる回す　右回り左回り、それぞれ5回くらい、できれば10回。
息はぜんぶ吐ききってみる。
タレント・俳優・歌い手さんの楽屋は、タメになることばかり。
準備運動は良いですよ。
そして必殺技、指を使って気持ちもラクに、いい声に。
一瞬で惹きつける声を出す方法もあるようです。

#当日、こちらから声をかける。

当日、どんな感じか？　気にしないようにしても気になるもの。
（私は気にならなくなってしまいました・・反省）
ぜひスタッフや関係者に、来場者にも、こちらから声をかけましょう。
たわいも無い話をしましょう、気が乗ったらなんとなく状況や塩梅をきいてみましょう。
話しているだけで、あなた自身が益々普段のあなたに戻っていくのが体感できます。

#その場限りを、御旗に。

身を任せよう。
準備したんだから、ライブだから。
聴衆のほとんどが冷淡な傍観者、それが日本。
誰も聞いてないかもだから、その場限り・やり逃げ意識も、自分のために少し持とう。

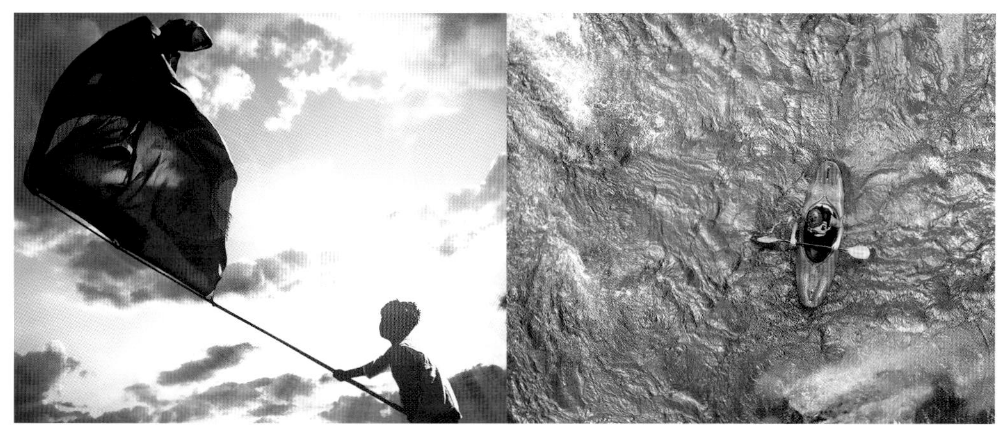

#ビビったら、満員電車を思い出そう。

大勢の聴衆を前にして、知らない方々を前にして、
厳しい上司を前にして、お客様を前にして、
寝不足だったり、準備不足だったり・・・
いろんなことで不安がよぎることがあります。
声が上ずり、汗が止まらず、時に足が震えます。

そんなときには、あのぎゅうぎゅう詰めの満員電車を思い出しましょう。
こんなに近くにいるのに、あんなにたくさんいるのに、
誰もあなたのことを気にしていない、数十分あればその場から開放される。
聴き手からするとプレゼンテーションは、そんな感じのものなのです。

#いまここに集まってくれた目の前の「ひとり」に、精一杯の感謝を込めて。

気持ちを込めることを絶対に忘れない。
決して聴衆を差別しない。
えらいひともふつうのひとも、たいせつなひとりである。
そう思えれば、
ココロに誓うことができれば、
それがあなたの言葉と身ぶりに現れて、
こころ動くプレゼンの大切な扉を開くことができる。

#あなただけの必殺ワザ どんどん書き込んでください。

#ひとは気持ちで情報を受け取る。

新たな気づきをプレゼントしましょう。
男性は、主張しすぎたり、知見やノウハウ推しになったり、しがちのようです。
女性は、思いのたけが込み上げてきて、お気持ち以外が伝わりにくくなりがちのようです。

いいとこどりをしていきましょう。
だからこそのジェンダーなんだと思います。

報告でもなくレポートでもない、プレゼンテーション。
理解を超え心揺さぶられる、身体が心底そう思える。それこそが、対話なんだと思います。
感動体験は自然と語りたくなり、
クチコミでじわじわと熱を帯びて広がっていく。

ひとは「視覚・聴覚・触覚・嗅覚・味覚」という機能があり、それを５感と言いますね。
そう、感じると書くのです。
５感で世の中を感じ、カラダのなかに情報をインプットしていくのです。

そして、喜怒哀楽という４つの感情で、あなたの思いを伝えていきます。
そこに、共に感じると書く共感が生まれるのです。
ここでも、感じるが出てきます。

感じ合えなければ始まらない。
全ては気づきからはじまる。
５感（人によっては第６感もお持ちですね）を刺激し、
４感を通じて気持ちの連鎖が始まる。
気持ちから、元気・勇気・気合・気概へと。感から気へ。それらを支えるエビデンス。

会場と聴衆という唯一無二の環境に身を任せつつ、
この場を共有できるという奇跡に感謝しつつ、
伝わるために伝える工夫、そのほんのちょっとした一工夫が何かを動かしていく。
いつか、必ず、ひとびとの智になる。

恥ずかしがらずに、込めましょう。気持ちを。
失いがちな・伝わらなくなりがちなデジタル時代に、
笑やwを入れ、絵文字を発明したあの頃のワカモノたちのように。
余白・ニュアンス。
ココロとプレゼンによく効くビタミンです。

#9 推薦のことば

プレゼンの本とお聞きし拝読しましたが、とんでもございません。人生の指南書です。

株式会社細田真一・建築・都市計画研究所
代表　細田 真一

思わずプレゼンをしたくなる、そんな勇気をもらえる一冊です。

デロイトトーマツコンサルティング
合同会社パブリックセクター
マネージャー　小池 英之

難しいプレゼンテーションをする前に読むと、自信と勇気と笑顔が生まれる本だと思います。

ゼット・エフ・ジャパン株式会社
代表取締役　多田 直純

寄り添う話し方！共感時代のプレゼン力の極意ですね。

株式会社ハナマルキャリア総合研究所
代表取締役　上田晶美

優しい語り口で紹介される、みんなのための「弁論術」。場数を踏む勇気が湧きます。

東京大学生産技術研究所リサーチフェロー
（大手建設会社勤務）
石澤　宰

本書は、最高のプレゼン体験に導くための指南書であり、啓蒙書です。

三菱UFJリサーチ＆コンサルティング
株式会社　戦略コンサルティング部
マネージャー　渡邉　睦

プレゼンテーションの肝である「KISS」(Keep it Simple and Stupid)が全て詰まった一冊です！

かどや製油株式会社
取締役 執行役員　長澤　昇

「微笑む」「一人を味方に」「話さない」等、ベンチャー企業のピッチでもとても有効です。

フリーバンクキャピタル株式会社
代表取締役社長　川分 陽二

プレゼンが身近になった社会、手元にあると心が休まる一冊。

クレジオ・パートナーズ株式会社
取締役　齋藤拓也

不安なプレゼンを安心に。深谷さんの温かい人柄が伝わる良書です。

地方創生三田会代表
（シンクタンク会社勤務）
松田 智生

実際に現場で使える、さらりと分かりやすいヒント。

松下政経塾
研修部長　森岡 洋一郎

恥ずかしがらずに、気持ちを。深谷先生からの素敵な言葉のプレゼントに感謝。

茨城大学人文社会科学部
教授　西野 由希子

日々を振り返り、プレゼンテーションする勇気をもらえる一冊です。

有限責任監査法人トーマツ
リスクアドバイザリー事業本部
シニアマネジャー　折本 敦子 グレイス

苦手だけど、ちょっとやってみようかなって勇気がわいてきました。

株式会社ベネッセホールディングスIR部
課長　高杉 美奈子

「プレゼン界の魔法使い」がいるとすれば、それは深谷さんのことだ。

株式会社ゴウツゲストハウジーズ
代表取締役　江上 尚

伝えたいことがある人の必読書。

京都府立医科大学
名誉教授　細井 創

「プレゼンは説明でも報告でもない、共感のためにある」に共感した！

慶應義塾大学医学部
教授　高橋 孝雄

いつも、ハラハラ・ドキドキさせられている学生に読ませたい。

千葉大学国際教養学部
准教授　鈴木 雅之

自分のプレゼンのダメさ加減を再認識。学生にも勧めます。

早稲田大学創造理工学部
教授　高口 洋人

プレゼンに迷った時の羅針盤、優しく背中を押してくれます。

金沢医科大学
主任教授　犀川　太

プレゼン前の緊張に対し、自身の心を整える一冊。一読すると腑に落ちました。

岡山大学地域総合研究センター
准教授　岩淵　泰

プレゼンの達人による、プレゼン恐怖症のあなたへの指南書

長野県立大学グローバルマネジメント学部教授　田村　秀

「私もだ」と安心したり、「なるほど！」と膝を打ったりの連続でした。

長崎大学
副学長・教授　松井 史郎

30年、数千回の経験がぎゅっと詰まった新鮮しぼりたてのプレゼン本。お薦めです。

関西学院大学国際教育・協力センター
教授　長 英一郎

前職でこれを読んでいたら…。フカヤさん、「もっと前に出してよ！」

名古屋大学未来社会創造機構
特任教授　寺野 真明

直前に緊張してしまったときは是非tips.20をやってみてください。

鳥取大学工学部
准教授　長曽我部 まどか

プレゼンという名の所作を、感性という名のペンで記した指南書です。

玉川大学芸術学部
部長・教授　中島 千絵

プレゼンとは？ 心構えからスキルまで改めて見つめ直せました！

大阪大学社会ソリューションイニシアティブ
特任准教授　小出 直史

肌感覚でプレゼンの極意を伝える、柔らかくて暖かい一冊です。

島根大学教育学部
教授　作野 広和

プレゼンだけでなく、人生を豊かにするヒント満載の本ですね

事業構想大学院大学
准教授　重藤 さわ子

㊧文字＋㊨図版のページ構成で、気づかないうちにプレゼン脳が刺激される…深谷マジック！

島根県立大学 基礎教養部
准教授　高須 佳奈

「場数」を踏んできたからこそ分かるプレゼンの極意がここにある。

日本経済新聞社
渡辺 智哉

イラスト：西村亮子、徳長優花、としえ

#プレボン!

いますぐ使えるプレゼンテーションTips集

2022年3月22日　発行

深谷信介 著

発行／ハーベスト出版　〒690-0133 島根県松江市東長江町902-59
TEL 0852-36-9059　FAX 0852-36-5889　https://www.tprint.co.jp/harvest
印刷／株式会社谷口印刷　　製本／日宝綜合製本株式会社

落丁本、乱丁本はお取替えいたします。
Printed in Japan　ISBN978-4-86456-416-8 C2063